Mai · Wechdorn

Gib nicht auf, Tom!

Dieses Buch gehört:

____

Manfred Mai

Gib nicht auf, Tom!

Eine Sportgeschichte

Mit Bildern von
Susanne Wechdorn

Ravensburger Buchverlag

Die Schreibweise entspricht den Regeln der neuen Rechtschreibung.

2 3 03 02 01

Ravensburger Blauer Rabe

Umschlagkonzeption: Ekkehard Drechsel
Umschlagbild: Susanne Wechdorn
Redaktion: Sabine Schuler
Printed in Germany
ISBN 3-473-34163-0

www.ravensburger.de/buchverlag

Daniel  schwingt seinen 

auf den 

und nimmt seinen 

in die .

Heute freut sich 

ganz besonders auf die 

.

Denn heute haben sie Sport

in der .

Bei Tom  ist das anders.

Wenn Sport auf dem 

steht,

geht er nicht gern in die 

.

 ist ziemlich klein und dick.

Er kann nicht so schnell rennen

und nicht so weit springen.

Die anderen 

lachen  beim Sport oft aus.

Die  der 

warten

vor der 

auf Frau Balzer .

Sie kommt mit dem 

und schließt gleich die 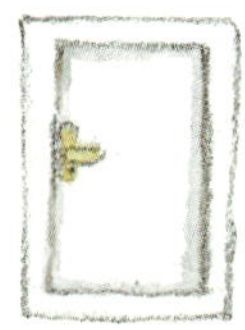 auf.

Einige  drängeln.

„Langsam“, sagt .

„Wir sind doch keine .“

TURN
SAAL

Die  und 

ziehen sich alle um.

Axel  hat seine 

daheim vergessen.

„Dann musst du eben

in der  turnen“,

neckt ihn  und grinst.

Die anderen  lachen.

 streckt die  heraus,

zeigt ihnen einen 

und schlüpft in seine .

 pfeift mit ihrer .

Die  laufen zuerst

3  durch die .

Dann turnen sie sich warm:

Die 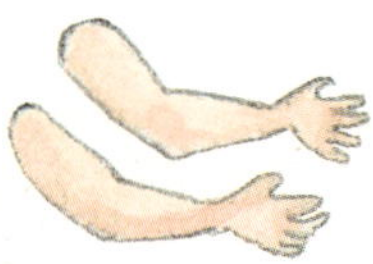 kreisen lassen,

den  hin und her drehen,

die  heben und senken,

mit den  an die  fassen.

„Das ist blöd!“, meckert .

„Ich will jetzt  spielen!“

 hört es und sagt:

„Sport ist nicht nur .

Man muss einen 

auch mit den 

werfen und fangen können.“

„Das kann doch jedes “,

murmelt .

„Immer zwei  werfen

sich gegenseitig den  zu“,

sagt .

 wirft extra so wuchtig,

dass Tina  den 

nicht fangen kann.

Der  hüpft davon

und landet in der 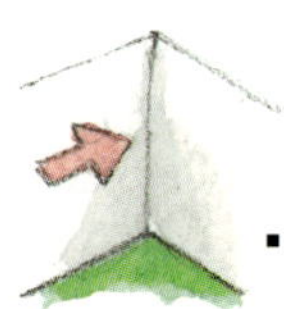.

Zur Strafe muss  sich

auf eine  setzen

und zuschauen.

„Blöde “, brummt er.

 legt 2 

auf den .

Sie sagt: „Alle  machen

eine  vorwärts.“

 schleicht heimlich zur ,

geht hinaus und schließt sich

in der  ein.

 merkt, dass  fehlt,

und sagt es .

Sie ruft laut nach .

„Der hat aus Angst

bestimmt in die  gemacht“,

stichelt  und lacht.

„Halt den !“,

sagt  wütend.

 öffnet die 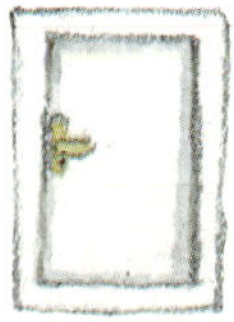.

Er hat  in den .

„Was ist denn passiert?“,

fragt .

Aber  antwortet nicht.

 schaut  freundlich an,

nimmt ihn an der 

und geht mit ihm zur .

Sie erklärt ,

wie die  vorwärts geht.

Er stützt beide  auf

und beugt den .

 fasst seine 

und hilft .

 landet auf dem .

„Geschafft“, sagt .

„Wie ein  “, flüstert 

Philipp  ins .

„Oder wie ein  “,

flüstert  zurück.

Beide halten die 

vor den  und kichern.

Dafür lässt 

sie 2  rennen.

Dann stellt  einen 

und ein richtiges 

vor die .

Die  sollen

über den  springen.

 springt ganz hoch,

fliegt über den 

und landet auf den .

Nach  und  ist 

an der Reihe.

 versucht es dreimal.

Aber er stößt immer

beim Springen mit dem 

gegen den 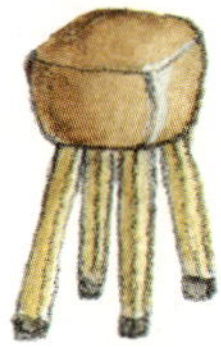.

Am liebsten würde sich 

unter dem  verkriechen.

Am Ende der 

spielen die  .

 und  müssen zuerst

2  wählen.

Als Letzter steht noch  da.

Er setzt sich auf die .

 schüttelt den .

„Du spielst bei  mit.“

 pfeift mit ihrer 

und wirft den  hoch.

 erwischt ihn,

stürmt sofort los

und wirft den  ins 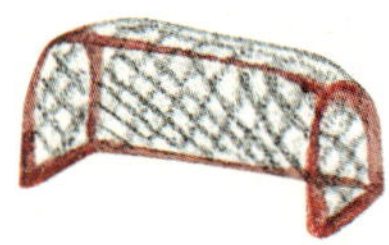.

„Du sollst die anderen 

auch mitspielen lassen!“,

ermahnt ihn .

„Gib den  her, du !“,

sagt  zu Maria 

und hält sie fest.

Kaum hat er den ,

läuft  auch allein

aufs 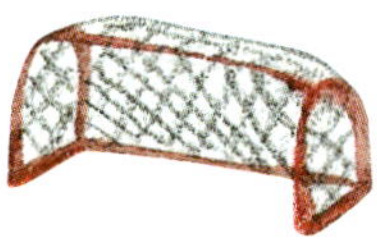 zu.

 stellt sich ihm in den 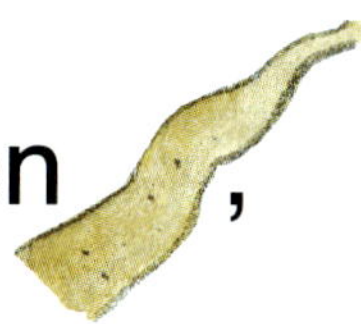,

aber  rennt ihn einfach um.

 stürzt auf den .

Alle  schauen zu .

Zuerst rührt er sich nicht.

Dann hält er sich das 

und verzieht das .

Nun ist  doch erschrocken.

Er geht zu  hin und sagt:

„Das wollte ich nicht.“

 hilft  auf die .

„Mein 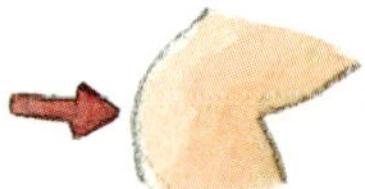 tut weh“, sagt .

„Dann setz dich auf die “,

sagt .

 humpelt langsam

an den  vorbei

zur .

Dabei lächeln sein 

und seine .

Diese Sportstunde hat 

überstanden.

Er freut sich schon auf die 

und .

Damit kann  besser umgehen

als mit dem .

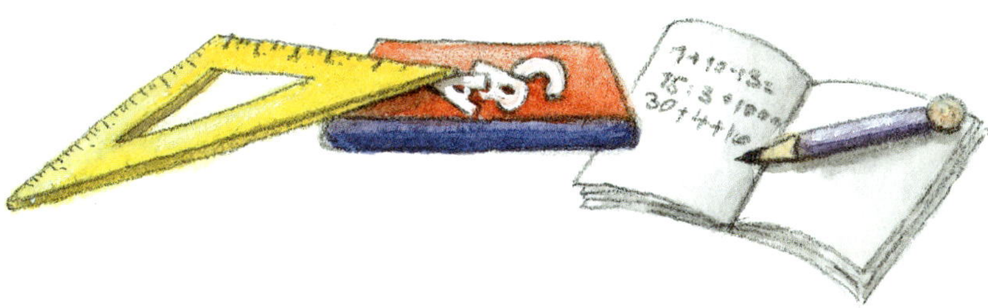

Die Wörter zu den Bildern:

Daniel 

Schulranzen 

Rücken 

Turnbeutel 

Hand 

Schule 

Turnhalle 

Tom 

Stundenplan 

Kinder 

Klasse 1b 

Frau Balzer 

Schlüssel 

Tür 

Boxer 

Mädchen 

Jungen 

Axel 

Sporthose 

Unterhose 

Zunge 

Vogel 

Jeans 

Trillerpfeife 

drei 

Runden 

Arme 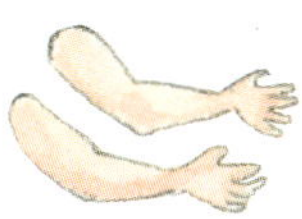

Kopf 

Schultern 

Hände 

Füße 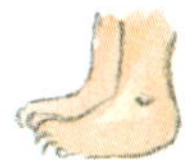

Fußball 

Ball 

Baby 

Tina 

Ecke 

Bank 

Kuh 

zwei 

Matten 

Boden 

Rolle 

Toilette 

Hose 

Mund 

Tränen 

Augen 

Matte 

Beine 

Rücken 

Elefant 

Philipp 

Ohr 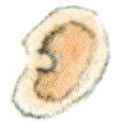

Nilpferd 

Bock 

Sprungbrett 

Bauch 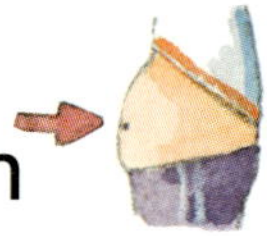

Stunde 

Handball 

Mannschaften

Tor 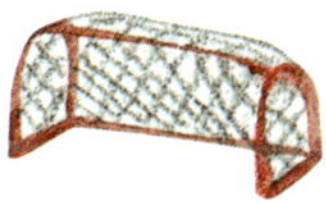

Flasche 

Maria 

Weg 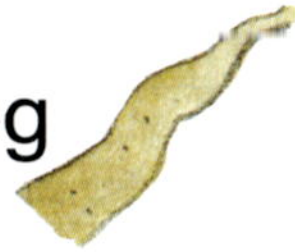

Bein 

Gesicht 

Knie 

Zahlen 

Buchstaben